手のひらの動物園
どうぶつ＊紙工作BOOK

2004年2月13日　初版1刷発行
2004年12月7日　初版2刷発行

著者 ● Kei Craft／ごとうけい
デザイン ● 後藤有紀子・比嘉広樹
写真 ● 谷崎春彦（T-Studio）
編集 ● 斉藤 香
発行者 ● 三芳伸吾

発行所 ● ピエ・ブックス
〒170-0005 東京都豊島区南大塚2-32-4
編集 TEL 03-5395-4820　Fax 03-5395-4821
営業 TEL 03-5395-4811　Fax 03-5395-4812

印刷・製本 ● 図書印刷

2 p.26

パンダのしっぽの色は？

答えは白。
パンダ柄の動物って
結構たくさんいるみたい。
図鑑で調べてみると
面白いよ。

お見せ
できなくて
残念です

3 p.33

ジャガーとヒョウの違いは？

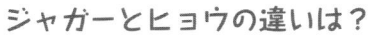

ジャガーの斑点柄

ジャガーは南米大陸に生息し、
頭が大きく全体的に
ガッシリとした体格をしています。
斑点柄は大きめです。
ヒョウはアフリカ大陸に生息し、
頭が小さくスマートな体格です。
斑点柄は小さめ。
いわゆるヒョウ柄です。

いわゆるヒョウ柄

手のひらの動物園

どうぶつ　紙工作BOOK

PIE BOOKS
2-32-4, Minami-Otsuka, Toshima-ku,
Tokyo 170-0005 JAPAN
Tel: +81-3-5395-4811
Fax: +81-3-5395-4812
e-mail:
editor@piebooks.com
sales@piebooks.com
http://www.piebooks.com

ISBN4-89444-309-0 C0072

Printed in Japan

思いもよらないうれしいことが起こったり、今まで何気なく過ごしていて気がつかなかったステキなことを発見したり。

いつもどおりの風景の中で、ちいさな宝物を見つけたときのような「わくわく」を感じる瞬間があります。

平面が立体になるって、そんなふうに楽しくなっちゃうことのひとつです。

FORE WORD

この作品たちは、見た人、手にとった人が、思わずニコッと微笑んでしまうような、そんな気持ちを思ってカタチにしました。

裏も表も360°見渡せる、紙の動物たちの表情をじっくりとご覧下さい。そして是非、あなたの手で作り上げてみて下さい。

ボクの感じた「わくわく」があなたにも伝わるとうれしいです。

CONTENTS

うさぎ
RABBIT

鼻をヒクヒクさせて近づいてみる。
ん？　同じ顔？
まるで鏡を見てるみたい。

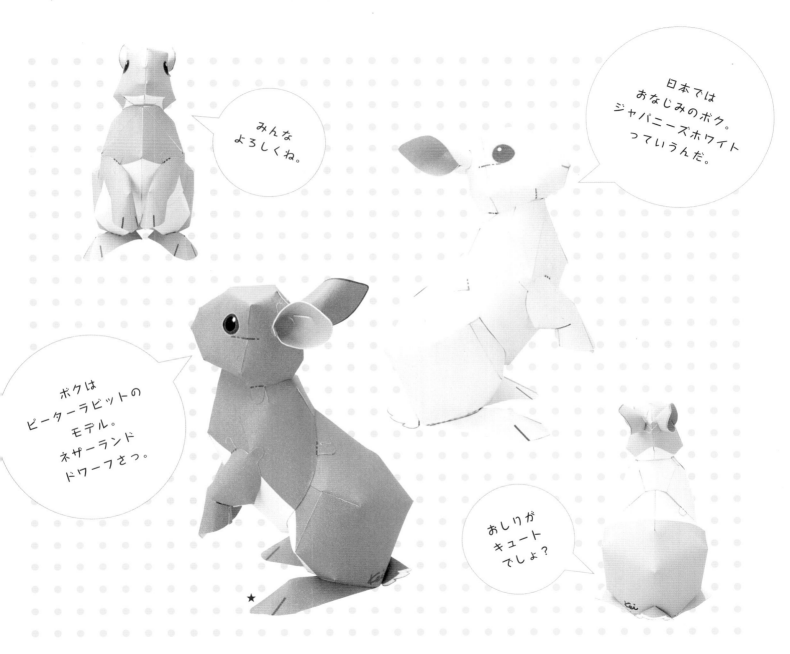

チワワ
CHIHUAHUA

大きな大きな
ウルウルおめめがかわいらしい。
そんな目で見つめられたら、
もう何だっていうこと
聞いちゃうよね、ねっ。

型紙（ブラック）**p.39**（クリーム）**p.41** ● 作り方 **p.66**

ラブラドール・レトリーバー

LABRADOR RETRIEVER

そのまっすぐな
眼差しの先には、
きっとやさしい飼い主が
待っているんだろうなー。
レトリーバーは
背中が語るんです。

型紙 **p.43** 作り方 **p.67**

ウェルシュ・コーギー
WELSH CORGI

胴長短足のコーギーが、
ホントにリラックスしたときにだけ見せる
「まったりポーズ」。
左はごとう家の
"みかん"がモデルです。

型紙 p.45 ● 作り方 p.68

アメリカン・ショートヘア

AMERICAN SHORT HAIR

「あのね…」
そぉっと告白しているみたい。
重大な秘密を打ち明けたのか？
ドキドキしちゃう。
リクエストNo.1の
ニャンコ初登場です！

型紙 p.47　作り方 p.69

ハムスター
HAMSTER

ハムちゃんズが集まって、
なにやらひそひそ井戸端会議。
ごとう家の"サクちゃん"もモデルになっています。
さてどのコでしょう？

型紙 **p.49** ● 作り方 **p.70**

どうぶつクイズ1 答えは最後のページ

ヤモリ
GECKO

ヒョコヒョコと体をよじらせ、
カベを這い回るユーモラスな姿。
しっかと開いてしがみつく指のカタチが
とってもカワユイですね。

型紙 p.51 ● 作り方 p.71

あまがえる

JAPANESE TREE FROG

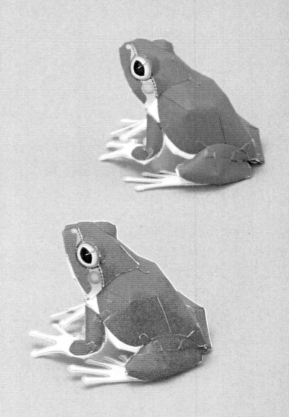

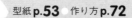 型紙 p.53 ● 作り方 p.72

軽くもたげた頭と、
眠た気な表情が
なんともキュート。
三つ指ついて、ちょこんと
かしこまったところが
またいいのです。

琉金
りゅう きん
GOLDFISH

水槽の中を優雅にたゆたう感じ。
ふっと肩の力が
抜ける気がします。

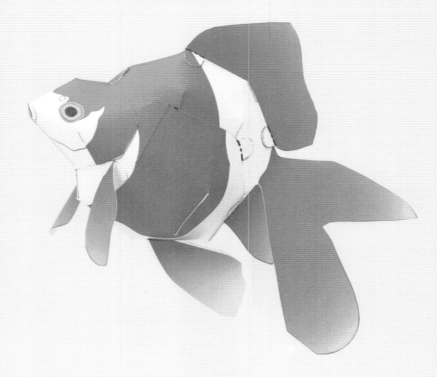

型紙 **p.55** 作り方 **p.73**

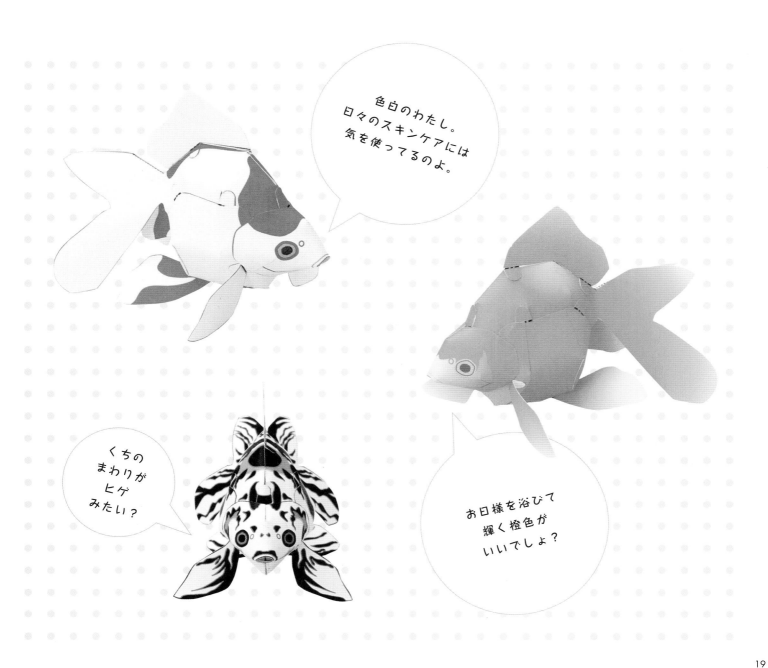

クロマグロ

BLUEFIN TUNA

ビュンビュンと目の前を通りすぎる
魚影はまるで弾丸のよう。
泳ぐために生まれてきた彼らに
ムダなものなんて
一切ありません。

ニシキエビ

TROPICAL SPINY LOBSTER

"ニシキ"という名のとおり、
カラフルで本当に美しいエビなのです。
エビとクモは仲間だって聞いたけど、
足の柄なんてまさにそんな感じ。

型紙 p.57・59 ● 作り方 p.74

ジンベエザメ

WHALE SHARK

ぬ～っと、ゆ～っくり回遊する
その迫力には圧倒されちゃいます。
さすが世界最大のサカナ。
おまけのコバンザメまで
誇らしげに見えます。

ハンドウイルカ

BOTTLENOSE DOLPHIN

いつもニッコリ
笑っているような口元と、
まるくて広いおでこがチャーミング。
イルカショーでは
握手もしてもらっちゃいました。

アオウミガメ

GREEN TURTLE

アオウミガメは、
小顔で草食のスマートさん。
ちなみに、アカウミガメは
大顔で肉食のガッシリさん。
一文字違いで大違いです。

コウテイペンギン

寒いさむーい南極の、
最も寒い冬に卵を産んで
子育てをするというチャレンジャー。
だけどコドモは風の子だから
へっちゃらさっ。

ジャイアントパンダ

GIANT PANDA

パンダのしっぽの
色って知ってますか？
普段見なれた柄なんだけど、
あらためて
思い出そうとすると
ムズカシイよね。

どうぶつクイズ2 答えは最後のページ

レッサーパンダ
LESSER PANDA

「ちょっとちょうだいよー、ちょっとだけさー」
「やだよぅ、ボクが先にみつけたんだもん」
そんな会話が聞こえてきそうですね。

型紙 p.61・63　作り方 p.75

ガラパゴスゾウガメ

GALAPAGOS GIANT TORTOISE

のそりのそりとゆっくり歩く。
疲れたらひと休み。アセることないよね。
見上げるつぶらなおめめに
思わずニコッとしちゃいます。

ローランドゴリラ

LOWLAND GORILLA

厚い胸板、ガッシリとした首、
盛り上がった肩から伸びた太い腕がタクマシイ！
だけどゴリラってとっても
ナイーブなんですよ。

アライグマ

RACCOON

「ねぇねぇ、これ洗っても、いい？」
と問いかけられている
みたいですね。
どーぞ、どーぞ、
好きなだけ、
洗っちゃってくださいな。

グラントシマウマ

GRANT'S ZEBRA

シマウマのシマ柄って
ホントにバランスのいい美しい入りかたをしていますね。
群れになると一層カッコよく見えます。

スマトラトラ
SUMATRAN TIGER

トラの柄ってパッと見、
すごーく目立ちそうだけど、薮の中に入ると
まわりに同化して見えちゃうそうです。
よくできてるよねー。

ジャガー

JAGUAR

トラとジャガーの違いなら
ひと目でわかりますよね。
ところで、みなさんジャガーとヒョウの
違いは知っていますか？

どうぶつクイズ3 答えは最後のページ

動物たちを
作ってみよう。

さあ、いよいよ動物をあなたの手で作ってみましょう。

● 型紙は37ページからです。本書から切り離し使用して下さい。
※掲載されている作品のなかには、型紙が付いていないものもあります。
● 作りはじめる前に36ページの「上手な作り方のコツ」
　76、77ページの「紙工作Q&A」を読んで参考にして下さい。
● それぞれの動物の作りかたは、65ページからです。

必要な道具

基本的にはハサミとボンドがあれば作れます。
いろいろと試してみて、使いやすいものを見つけて下さい。

ピンセット
指が届かないところを曲げたり、
押さえたりするのに便利です。

定規
直線部分の切り抜きや
折りスジを入れるのに
使います。

鉛筆
切り抜いた
型紙の裏に
番号をふっておくと
わかりやすいです。

鉄筆
昔のガリ版印刷に使っていたものですが、
今は手に入りにくいので、
インクのでなくなったボールペン
などでも代用できます。

カッター
基本的にはすべて
ハサミで切れる形ですが、
必要に応じて
使って下さい。

カッターマット
机の上をちらかしたり、
キズつけたりしないように
敷いておくと安心です。

ようじ
細かいところの組み立て、
のりづけに便利です。

ハサミ
やはりよく切れる方が
使いやすいです。

ボンド
「木工用」のものが
オススメです。

上手な作りかたのコツ。

まずは、作りたい型紙を本書から切り離しましょう。

1

型紙をばらばらに切り離す前に、
折り線（……… 山折り線、—・— 谷折り線）
を鉄筆でなぞって下さい。
表からでかまいません。こうしておくと、
あとでキレイに折ることができます。

2

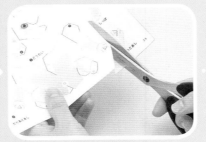

ハサミまたはカッターで切り離します。
最初はおおまかなに形に切り、
その後で細かいところを切っていくと
切り抜きやすいです。

3

写真のように、
机の角などを使って、型紙に手をあてて
こするようにしごいて下さい。
こうしておくと、紙に自然な丸みがついて、
動物らしいキレイな曲線がつくれます。

山折り

……… 線は写真のように
山折りに折って下さい。

谷折り

—・— 線は写真のように
谷折りに折って下さい。

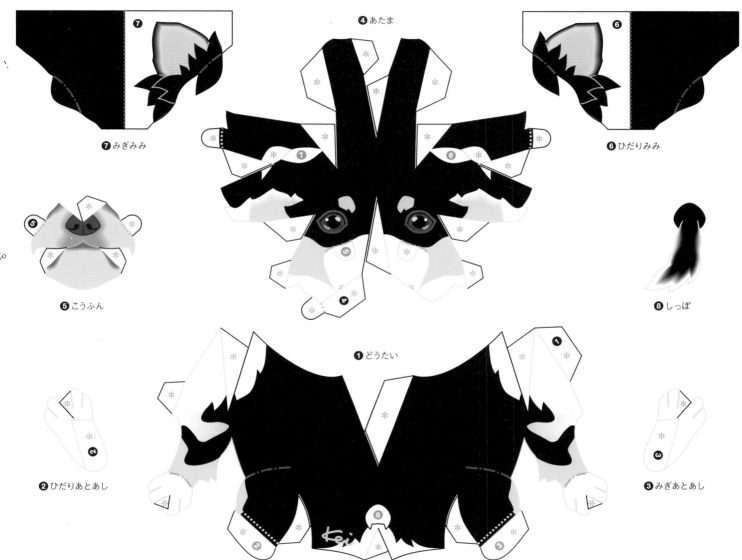

❹ あたま

❼ みぎみみ

❻ ひだりみみ

❺ こうふん

❽ しっぽ

❶ どうたい

❷ ひだりあとあし

❸ みぎあとあし

kei

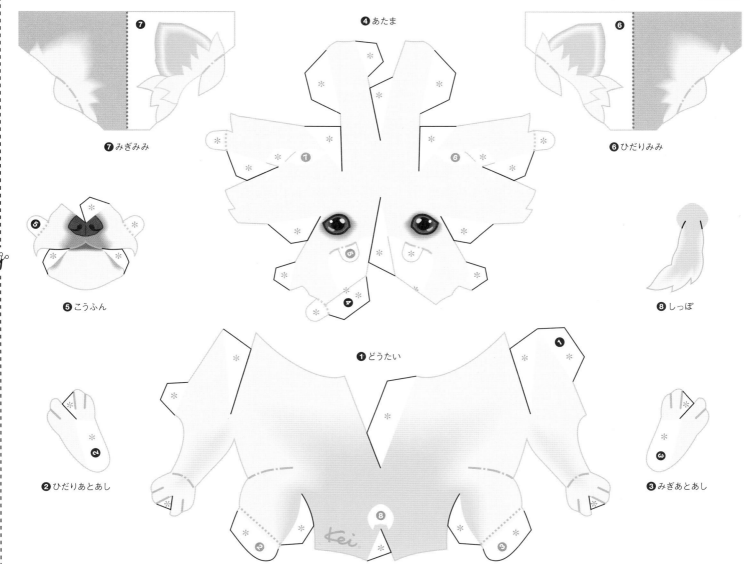

❼みぎみみ

❹あたま

❻ひだりみみ

❺こうふん

❽しっぽ

❶どうたい

❷ひだりあとあし

❸みぎあとあし

kei

ラブラドール・レトリーバー

⓮ みぎみみ

⓫ あたま

⓭ ひだりみみ

❺ ひだりまえあし1

❷ しっぽ

⓬ こうふん

❽ みぎまえあし1

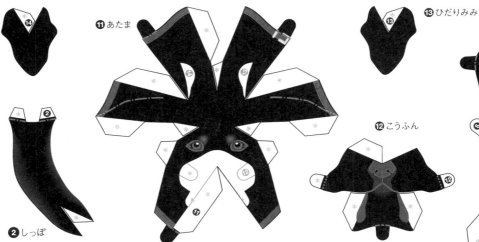

❻ ひだりまえあし2

❶ どうたい

❾ みぎまえあし2

❼ ひだりまえあし3

❿ みぎまえあし3

❸ ひだりあとあし

❹ みぎあとあし

ウェルシュ・コーギー

❺ あたま

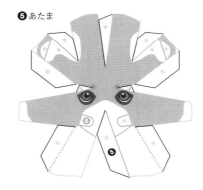

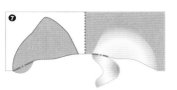

❼ ひだりみみ

❻ こうふん

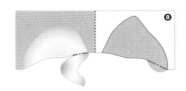

❽ みぎみみ

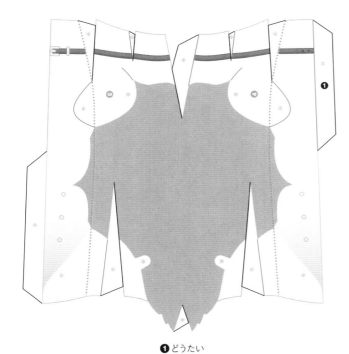

❶ どうたい

❸ ひだりまえあし

❹ みぎまえあし

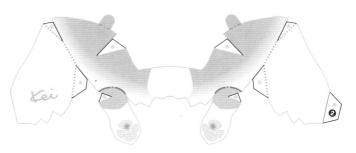

❷ あとあし

アメリカン・ショートヘア

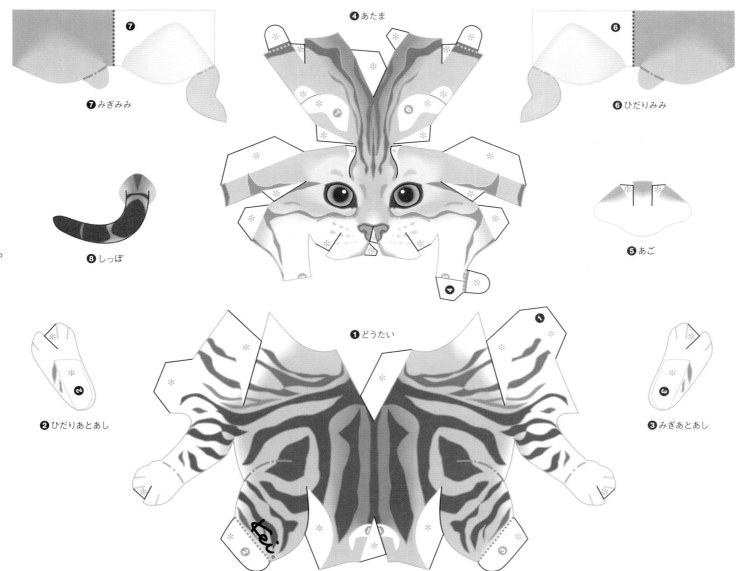

❼ みぎみみ

❹ あたま

❻ ひだりみみ

❽ しっぽ

❺ あご

❷ ひだりあとあし

❶ どうたい

❸ みぎあとあし

ハムスター

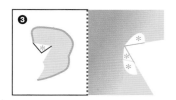

❸ ひだりみみ

❷ あたま

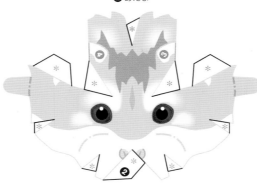

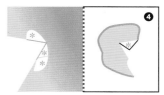

❹ みぎみみ

❺ ひだりまえあし

❶ どうたい

❻ みぎまえあし

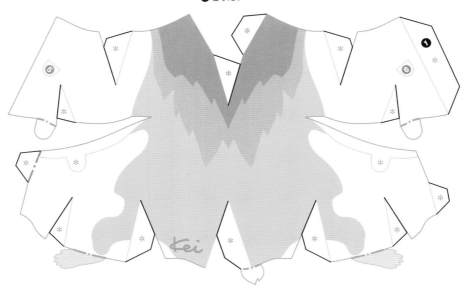

ヤモリ

⑩ ひだりまえあし2

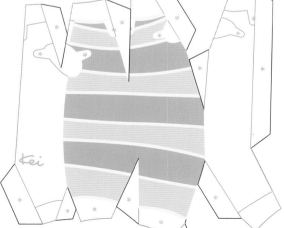

❽ みぎまぶた

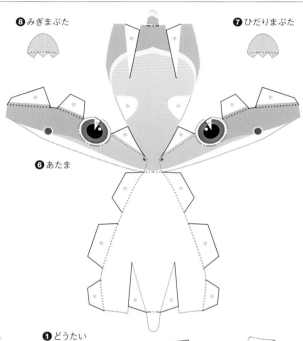

❼ ひだりまぶた

❻ あたま

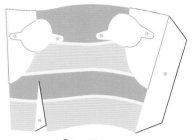

⑫ みぎまえあし2

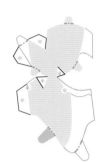

❾ ひだりまえあし1

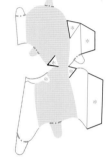

⑪ みぎまえあし1

❷ しっぽ1

❸ しっぽ2

⑬ ひだりうしろあし1

❶ どうたい

Kei

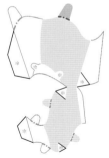

⑮ みぎうしろあし1

❹ しっぽ3

⑭ ひだりうしろあし2

⑯ みぎうしろあし2

❺ しっぽ4

51

あまがえる

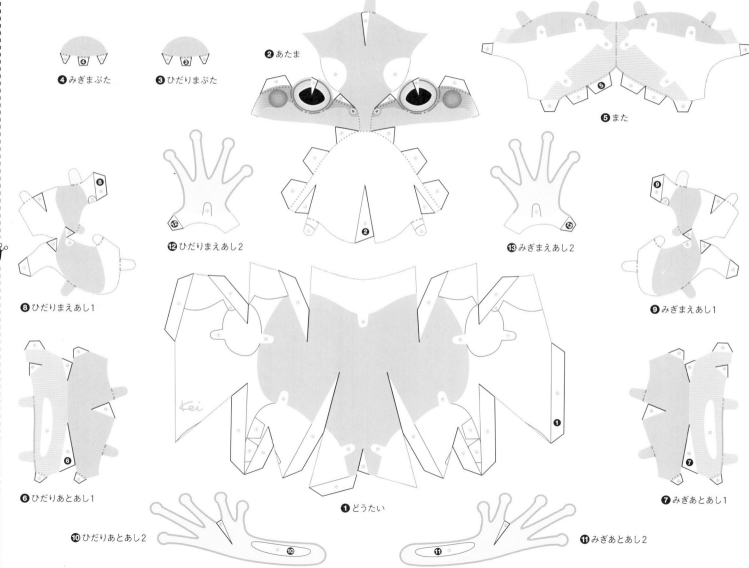

❹ みぎまぶた

❸ ひだりまぶた

❷ あたま

❺ また

❽ ひだりまえあし1

⑫ ひだりまえあし2

⑬ みぎまえあし2

❾ みぎまえあし1

❻ ひだりあとあし1

❶ どうたい

❼ みぎあとあし1

⑩ ひだりあとあし2

⑪ みぎあとあし2

琉金

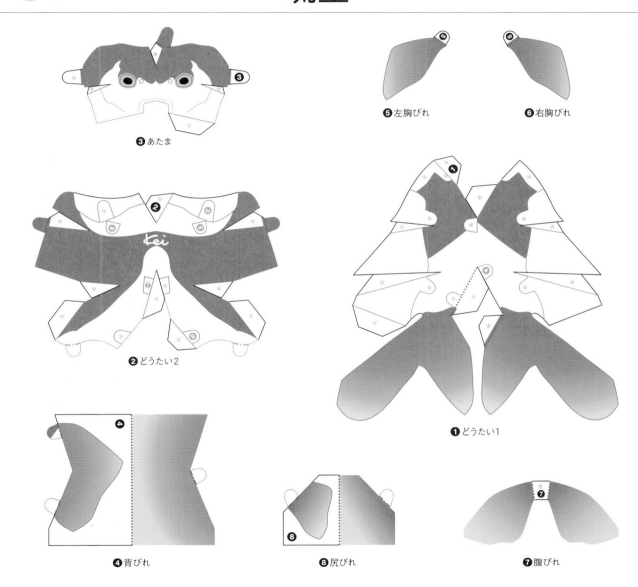

❸ あたま

❺ 左胸びれ

❻ 右胸びれ

❷ どうたい2

❶ どうたい1

❹ 背びれ

❽ 尻びれ

❼ 腹びれ

ニシキエビ

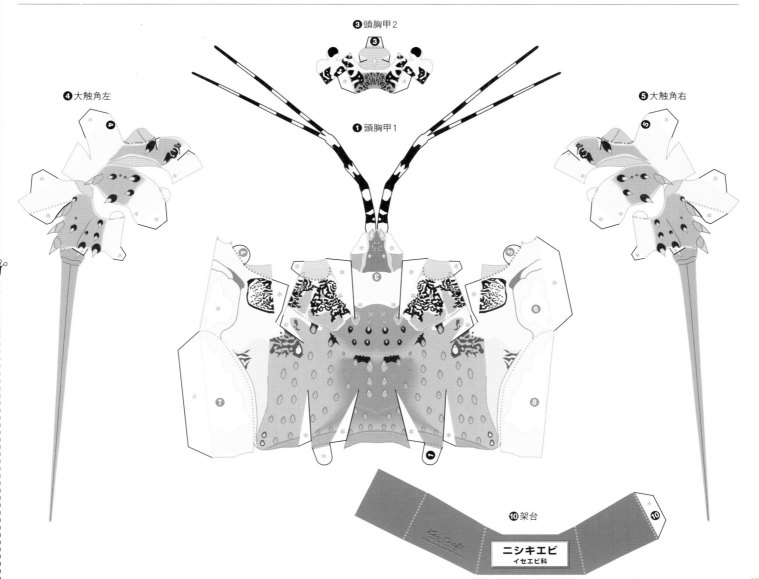

❸ 頭胸甲2

❶ 頭胸甲1

❹ 大触角左

❺ 大触角右

❿ 架台

ニシキエビ
イセエビ科

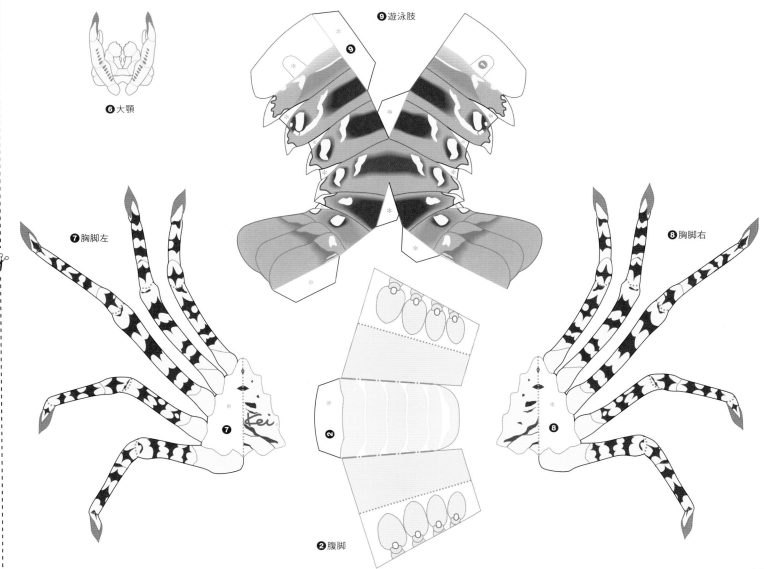

❻大顎

❾遊泳肢

❼胸脚左

❽胸脚右

❼

❽

❷

❷腹脚

レッサーパンダ

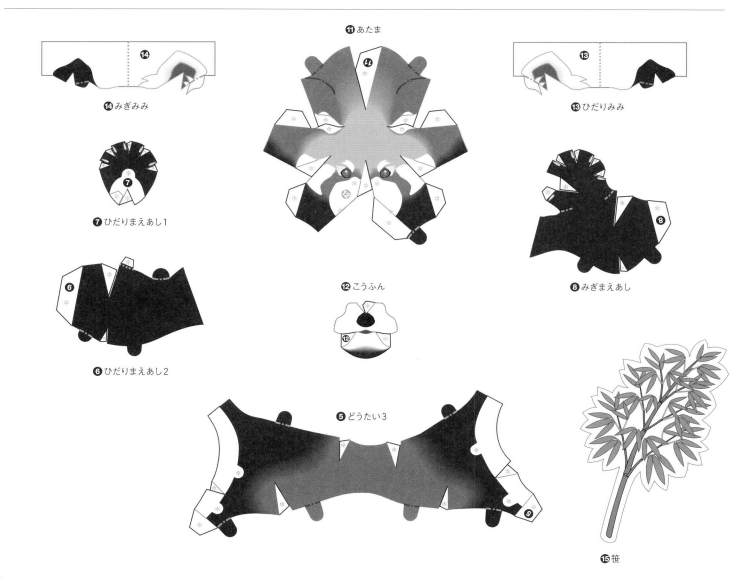

⑪ あたま

⑭ みぎみみ

⑬ ひだりみみ

⑦ ひだりまえあし1

⑧ みぎまえあし

⑥ ひだりまえあし2

⑫ こうふん

⑤ どうたい3

⑮笹

❶ どうたい1

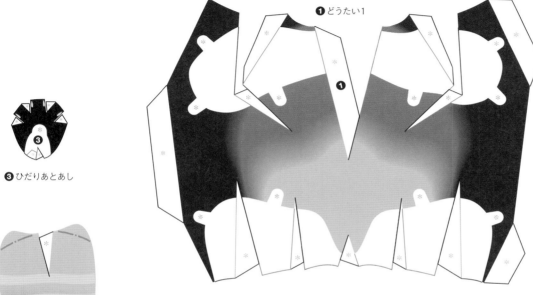

❸ ひだりあとあし

❹ みぎあとあし

❾ しっぽ1

❷ どうたい2

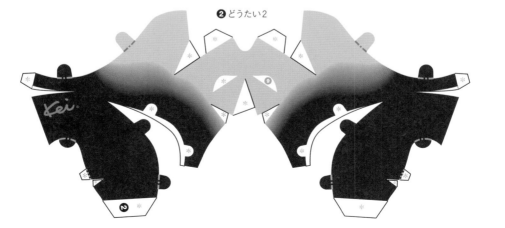

❿ しっぽ2

うさぎ の 作り方

❶ どうたい1

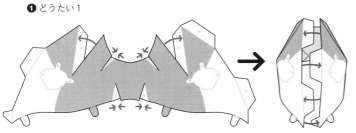

❶を切り抜き、のりしろに隣り合う面を
タックをよせるようにして貼り合わせます。

形を閉じるように互い違
いに貼り合わせます。

❷ どうたい2

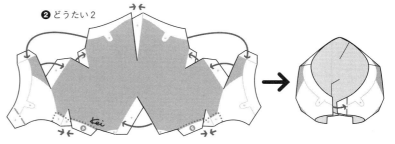

❷を切り抜き、のりしろに隣り合う面をタッ
クをよせるようにして貼り合わせます。

形を閉じるように貼り合
わせます。

❸ しっぽ ❹ ひだりあし ❺ みぎあし

❸❹❺を切り抜き、タックをよせて
貼ります。

❻ ひだりまえあし ❼ みぎまえあし

❻❼を切り抜きタックをよせて、
筒を2つつくるように貼り合わせ
ます。

❽ あたま

❽を切り抜き、タックをよせるよう
に貼り、釣り鐘型になるように形づ
くります。

❾ ひだりみみ ❿ みぎみみ

❾❿を切りとり、中心の
折り線にそって貼り合わせ、
輪郭線を切り抜きます。

最後にタックをよせて
筒状に貼り合わせます。

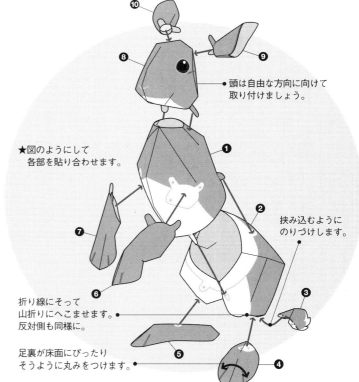

● 頭は自由な方向に向けて
取り付けましょう。

★図のようにして
各部を貼り合わせます。

挟み込むように
のりづけします。

折り線にそって
山折りにへこませます。
反対側も同様に。

足裏が床面にぴったり
そうように丸みをつけます。●

チワワ の 作り方

作品 p.10 ● 型紙（ブラック）p.39（クリーム）p.41

❶どうたい

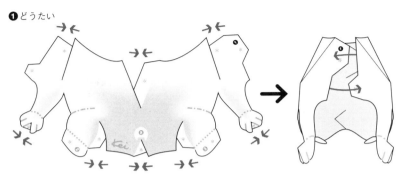

❶を切り抜き、のりしろに隣り合う面をタックをよせるように貼り、折り線にそって折り目をつけて形をつくります。

形を閉じるように互い違いに貼り合わせます。

❷ひだりあとあし
❸みぎあとあし

❷❸を切り抜きのりしろに隣り合う面を、タックをよせるように貼り合わせます。

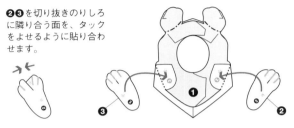

図のように❷❸をどうたいに貼り付けます。

❹あたま

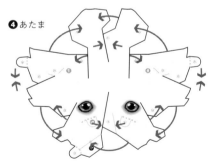

❹を切り抜き、❶と同様にして形をつくります。2段階ののりしろは互い違いに貼りましょう。

❺こうふん

❺を切り抜き、のりしろに隣り合う面をタックをよせるように貼ります。

❻ひだりみみ ❼みぎみみ

❻❼を切りとり、中心の折り線にそって貼り合わせ、輪郭線を切り抜きます。

❽しっぽ

❽を輪郭線にそって切り抜きます。

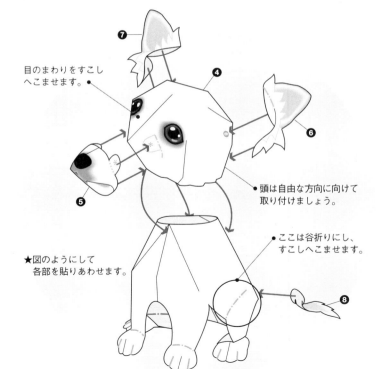

目のまわりをすこしへこませます。

頭は自由な方向に向けて取り付けましょう。

ここは谷折りにし、すこしへこませます。

★図のようにして各部を貼りあわせます。

ラブラドール・レトリーバー の 作 り 方

作品 **p.11** ● 型紙 **p.43**

❶ どうたい

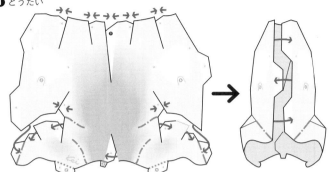

❶を切り抜き、のりしろに隣り合う面をタックをよせるようにして貼り合わせます。

形を閉じるように互い違いに貼り合わせます。

❷ しっぽ

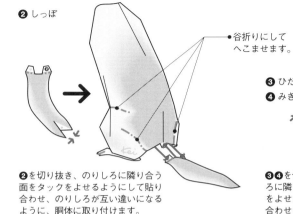

● 谷折りにして
へこませます。

❸ ひだりあとあし
❹ みぎあとあし

❷を切り抜き、のりしろに隣り合う面をタックをよせるようにして貼り合わせ、のりしろが互い違いになるように、胴体に取り付けます。

❸❹を切り抜き、のりしろに隣り合う面をタックをよせるようにして貼り合わせます。

❺ ひだりまえあし1 ❻ ひだりまえあし2
❼ ひだりまえあし3 ❽ みぎまえあし1
❾ みぎまえあし2 ❿ みぎまえあし3

❺❻❼を切り抜き、のりしろに隣り合う面をタックをよせるようにして貼り合わせ最後に筒状になるように貼り合わせます。❽❾❿みぎまえあしも同様にして組み立てます。

⓫ あたま

⓫を切り抜き、釣り鐘型になるように貼り合わせます。

⓬ こうふん

⓬を切り抜き、釣り鐘型になるように貼り合わせます。

⓭ ひだりみみ ⓮ みぎみみ

⓭⓮を切り抜き、のりしろに隣り合う面をタックをよせるようにして貼り合わせます。

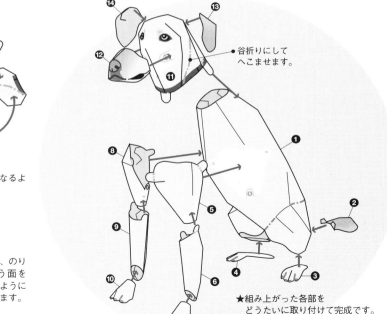

● 谷折りにして
へこませます。

★組み上がった各部をどうたいに取り付けて完成です。

※イエローで説明をしていますが型紙はブラックです。

67

ウェルシュ・コーギー の 作り方

作品 p.12 ● 型紙 p.45

❶ どうたい

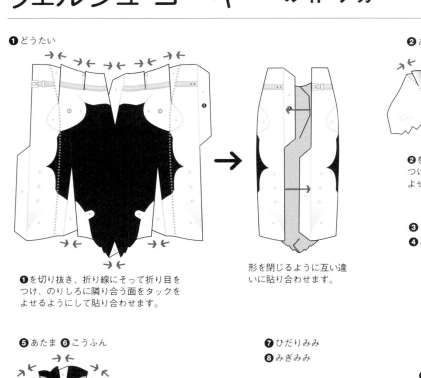

❶を切り抜き、折り線にそって折り目を
つけ、のりしろに隣り合う面をタックを
よせるようにして貼り合わせます。

形を閉じるように互い違
いに貼り合わせます。

❷ あとあし

❷を切り抜き、折り線にそって折り目を
つけ、のりしろに隣り合う面をタックを
よせるようにして貼り合わせます。

形を閉じるように貼り合
わせます。

❸ ひだりまえあし
❹ みぎまえあし

❸❹を切り抜き、のりし
ろに隣り合う面をタック
をよせるように貼ります。

❺ あたま ❻ こうふん

❼ ひだりみみ
❽ みぎみみ

❺❻を切り抜き折り線にそって折り
目をつけ、のりしろに隣り合う面を
タックをよせ釣り鐘状になるように
貼り合わせます。

❼❽を切り抜き、折り線
にそって貼り合わせたあ
と輪郭線を切り抜き形を
整えます。

★組み上がった
各部をどうたいに
取り付けて完成です。

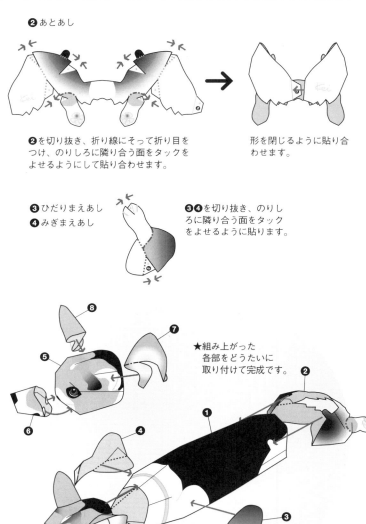

※トライカラーで説明をしていますが型紙はフォーンです。

アメリカン・ショートヘア の 作り方

作品 p.13 ● 型紙 p.47

❶ どうたい

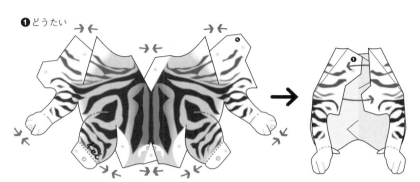

❶を切り抜き、のりしろに隣り合う面をタックをよせるように貼り、折り線にそって折り目をつけて形をつくります。

形を閉じるように互い違いに貼り合わせます。

❷ ひだりあとあし
❸ みぎあとあし

❷❸を切り抜きのりしろに隣り合う面を、タックをよせるように貼り合わせます。

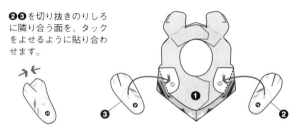

図のように❷❸をどうたいに貼り付けます。

❹ あたま

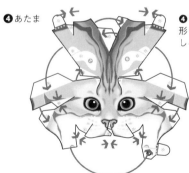

❹を切り抜き、❶と同様にして形をつくります。2段階ののりしろは互い違いに貼りましょう。

❺ あご

❺を切り抜き、のりしろに隣り合う面をタックをよせるように貼ります。

❻ ひだりみみ ❼ みぎみみ

❻❼を切りとり、中心の折り線にそって貼り合わせ、輪郭線を切り抜きます。

❽ しっぽ

❽を輪郭線にそって切り抜きます。

目のまわりをすこしへこませます。

★図のようにして各部を貼り合わせます。

頭は自由な方向に向けて取り付けましょう。

ここは谷折りにし、すこしへこませます。

ハムスター の 作 り 方

作品 p.14 ● 型紙 p.49

❶ どうたい

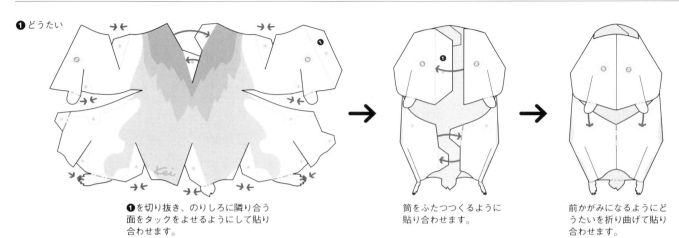

❶を切り抜き、のりしろに隣り合う
面をタックをよせるようにして貼り
合わせます。

筒をふたつつくるように
貼り合わせます。

前かがみになるようにど
うたいを折り曲げて貼り
合わせます。

❷ あたま

❷を切り抜き、タックを
よせるように貼り、釣り
鐘型になるように形づく
ります。

❸ ひだりみみ ❹ みぎみみ

❸❹を切りとり、中心の折り線にそっ
て貼り合わせ、輪郭線を切り抜きま
す。最後にタックをよせて貼ります。

❺ ひだりまえあし
❻ みぎまえあし

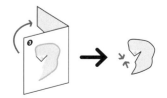

❺❻を切り抜き、折り線
にそって山折りにします。

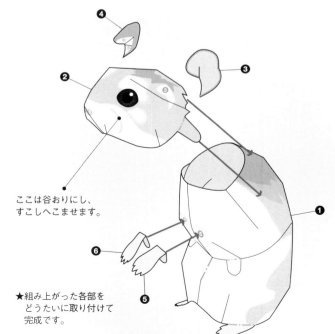

ここは谷おりにし、
すこしへこませます。

★組み上がった各部を
どうたいに取り付けて
完成です。

70

ヤモリ の 作り方

作品 p.15 ● 型紙 p.51

❶ どうたい

❶を切り抜き、のりしろに隣り合う面をタックをよせるようにして貼り合わせます。

形を閉じるように互い違いに貼り合わせます。

❷ しっぽ1　❸ しっぽ2
❹ しっぽ3　❺ しっぽ4

❷を切り抜き、のりしろに隣り合う面をタックをよせるようにして貼り合わせ、最後に筒状になるようにします。❸❹❺も同様につくります。

❻ あたま

❻を切り抜き、タックをよせるように貼り、釣り鐘型になるように形づくります。

❼ ひだりまぶた
❽ みぎまぶた

❼❽を切り抜き、折り線にそって山折りにします。

❿ ひだりまえあし2
⓬ みぎまえあし2
⓮ ひだりうしろあし2
⓰ みぎうしろあし2

❿⓬⓮⓰を切り抜き、タックをよせて貼ります。

❾ ひだりまえあし1
⓫ みぎまえあし1
⓭ ひだりうしろあし1
⓯ みぎうしろあし1

❾を切り抜きタックをよせて、筒を2つつくるように貼り合わせます。最後にひじを折り曲げるように貼り合わせます。⓫⓭⓯も同様につくります。

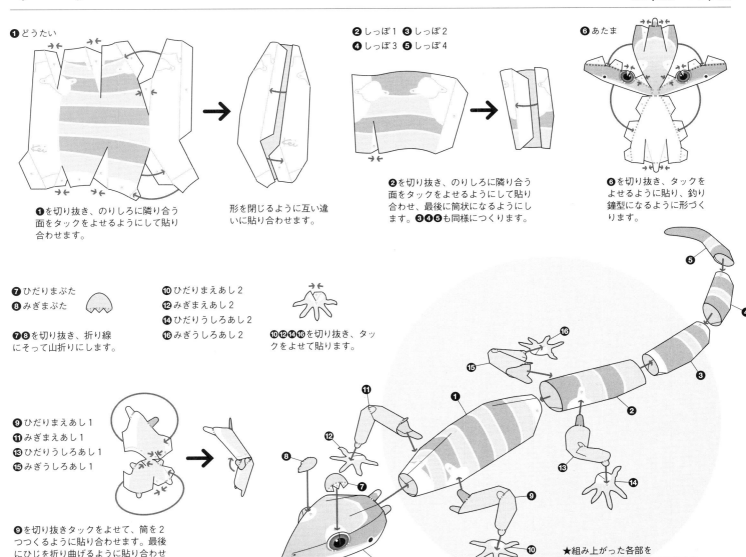

★組み上がった各部をどうたいに取り付けて完成です。

あまがえる の 作り方

作品 p.16 ● 型紙 p.53

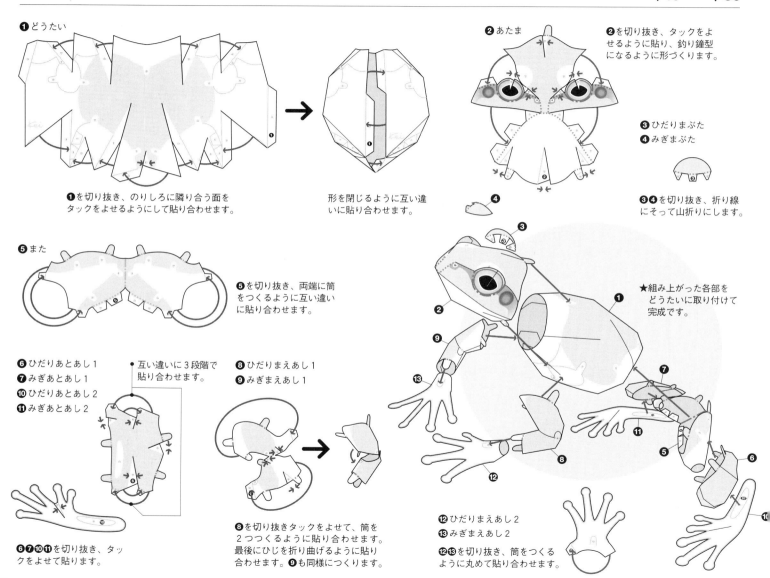

❶ どうたい

❶を切り抜き、のりしろに隣り合う面を
タックをよせるようにして貼り合わせます。

形を閉じるように互い違
いに貼り合わせます。

❷ あたま

❷を切り抜き、タックをよ
せるように貼り、釣り鐘型
になるように形づくります。

❸ ひだりまぶた
❹ みぎまぶた

❸❹を切り抜き、折り線
にそって山折りにします。

❺ また

❺を切り抜き、両端に筒
をつくるように互い違い
に貼り合わせます。

❻ ひだりあとあし1
❼ みぎあとあし1
❿ ひだりあとあし2
⓫ みぎあとあし2

互い違いに3段階で
貼り合わせます。

❻❼❿⓫を切り抜き、タッ
クをよせて貼ります。

❽ ひだりまえあし1
❾ みぎまえあし1

❽を切り抜きタックをよせて、筒を
2つつくるように貼り合わせます。
最後にひじを折り曲げるように貼り
合わせます。❾も同様につくります。

★組み上がった各部を
どうたいに取り付けて
完成です。

⓬ ひだりまえあし2
⓭ みぎまえあし2

⓬⓭を切り抜き、筒をつくる
ように丸めて貼り合わせます。

琉金 の 作 り 方

りゅう きん

作品 p.18 ● 型紙 p.55

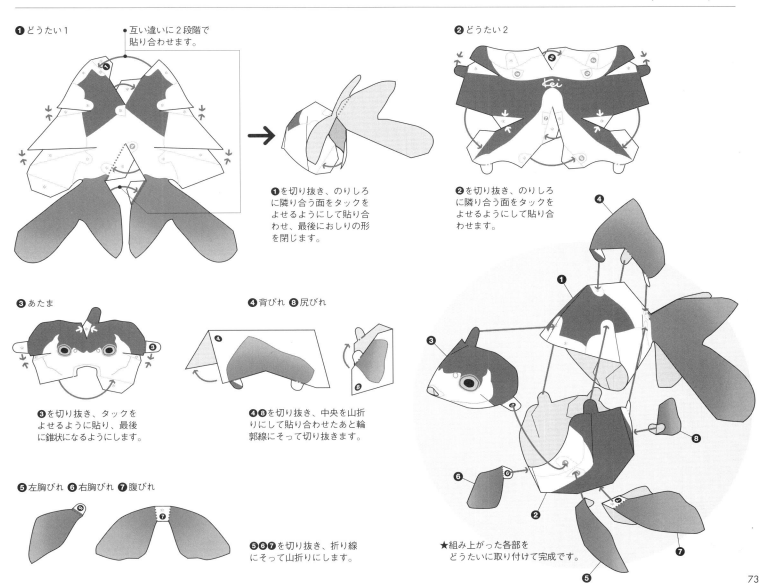

❶ どうたい1

● 互い違いに2段階で
貼り合わせます。

❶を切り抜き、のりしろ
に隣り合う面をタックを
よせるようにして貼り合
わせ、最後におしりの形
を閉じます。

❷ どうたい2

❷を切り抜き、のりしろ
に隣り合う面をタックを
よせるようにして貼り合
わせます。

❸ あたま

❸を切り抜き、タックを
よせるように貼り、最後
に錐状になるようにします。

❹ 背びれ　❽ 尻びれ

❹❽を切り抜き、中央を山折
りにして貼り合わせたあと輪
郭線にそって切り抜きます。

❺ 左胸びれ　❻ 右胸びれ　❼ 腹びれ

❺❻❼を切り抜き、折り線
にそって山折りにします。

★組み上がった各部を
どうたいに取り付けて完成です。

ニシキエビ の 作り方

作品 p.21 ● 型紙 p.57・59

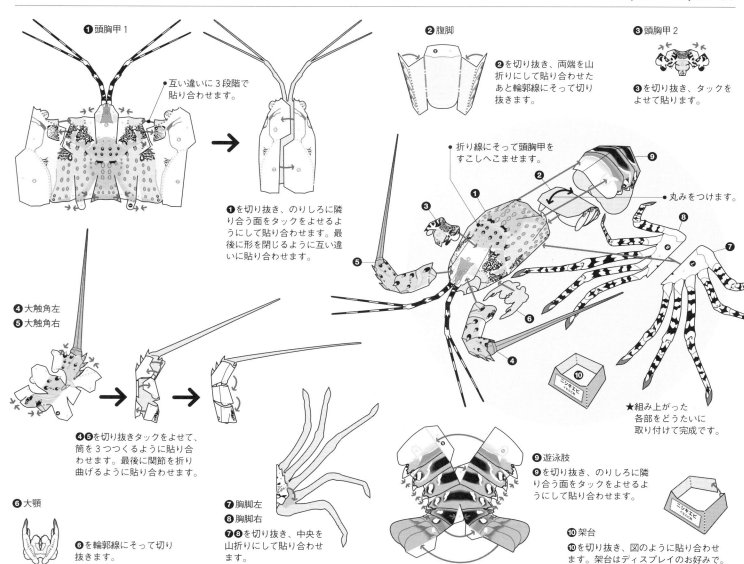

❶ 頭胸甲1

・互い違いに3段階で
貼り合わせます。

❶を切り抜き、のりしろに隣
り合う面をタックをよせるよ
うにして貼り合わせます。最
後に形を閉じるように互い違
いに貼り合わせます。

❷ 腹脚

❷を切り抜き、両端を山
折りにして貼り合わせた
あと輪郭線にそって切り
抜きます。

❸ 頭胸甲2

❸を切り抜き、タックを
よせて貼ります。

❹ 大触角左
❺ 大触角右

❹❺を切り抜きタックをよせて、
筒を3つつくるように貼り合
わせます。最後に関節を折り
曲げるように貼り合わせます。

❻ 大顎

❻を輪郭線にそって切り
抜きます。

❼ 胸脚左
❽ 胸脚右

❼❽を切り抜き、中央を
山折りにして貼り合わせ
ます。

・折り線にそって頭胸甲を
すこしへこませます。

・丸みをつけます。

★組み上がった
各部をどうたいに
取り付けて完成です。

❾ 遊泳肢

❾を切り抜き、のりしろに隣
り合う面をタックをよせるよ
うにして貼り合わせます。

❿ 架台

❿を切り抜き、図のように貼り合わせ
ます。架台はディスプレイのお好みで。

レッサーパンダ の 作り方

作品 p.27 ● 型紙 p.61・63

① どうたい1

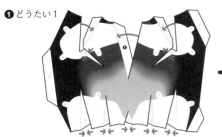

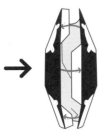

①を切り抜き、のりしろに隣り合う面を
タックをよせるようにして貼り合わせます。

形を閉じるように互い違
いに貼り合わせます。

② どうたい2

②を切り抜きタックをよせて、両端を筒
を2つずつつくるように貼り合わせます。

股を閉じ、ひざを折り曲
げるように貼り合わせます。

③ ひだりあとあし
④ みぎあとあし

⑨ しっぽ1
⑩ しっぽ2

③④⑨⑩あとあし・しっぽ部を切り抜き、
のりしろに隣り合う面をタックをよせる
ようにして貼り合わせます。

⑤ どうたい3

⑤を切り抜き、タックをよせて最後
に両端を筒状に貼り合わせます。

⑥ ひだりまえあし2　**⑦** ひだりまえあし1　**⑧** みぎまえあし

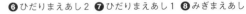

⑥⑦⑧まえあし部を切り
抜き、のりしろに隣り合
う面をタックをよせて⑥
⑧は最後に筒状になるよ
うに貼り合わせます。

⑪ あたま　**⑫** こうふん

互い違いに2段階で
貼り合わせます。

⑪⑫を切り抜き、タックをよ
せるように貼り、釣り鐘型に
なるように形づくります。

⑬ ひだりみみ　**⑭** みぎみみ

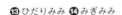

⑬⑭を切り抜き、折って貼
りあわせたあと輪郭線に
そって切り抜き、タックを
よせて貼り付けます。鉛筆
の先などでまるみをつけて
くせづけしましょう。

⑬ 頭は自由な方向に
向けて取り付けましょう。

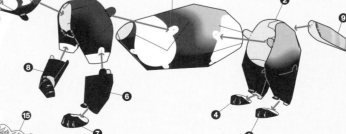

● まるくカーブがつくように
くせづけをしましょう。

★図のようにして
各部を貼り合わせます。

紙工作 Q&A

ここには、実際に型紙を組み立てる際に
よくでる質問をまとめてみました。
動物たちを作る時の参考にしてください。

型紙を切り離したのですが、どれが、どのパーツだかわからなくなってしまいました。

ひ とつのパーツを切り離したらそのつど、鉛筆で裏面に型紙の番号を書いておきましょう。そうすれば、どれが、どれだかわからなくなることがありません。

ボ ンドはつけ過ぎず、写真のようにつまようじなどを使って、できるだけ薄くぬりましょう。のりしろのほうではなく、のりしろと貼り合わせる側（紙の裏側）にボンドをつけると、はみ出ることなくキレイに仕上がりますよ。ボンドが乾くまでの少しの間しっかりと押さえておきましょう。

ボンドがのりしろからはみ出て、キレイに作れません。ボンドをキレイにつけるコツはあるのですか？

のりしろを
貼り合わせているときに、
型紙が破れてしまいました。
何とか、修復する方法は
ありませんか？

紙を貼り合わせるのには、
どんなボンドが
いいのですか？
のりではダメですか？

貼り合わせた
のりしろの白い部分が
見えてしまったり、
紙の断面の
白い部分が気になって
しまいます。

オ ススメは「木工用」のボンドです。のりが絶対ダメというわけではありませんが、のりしろが剥がれやすかったり、水分の多いのりだと型紙が波打ってしまいます。

写 真のように、型紙の切れ端など不要な部分を適当な大きさに切って、型紙の裏側から破れた部分にあてがいましょう。こうすれば、表からは全然わかりません。

そ んな時は、同じ色の色鉛筆やペンで白い部分を塗りつぶしてしまえば、目立たなくなりますよ。

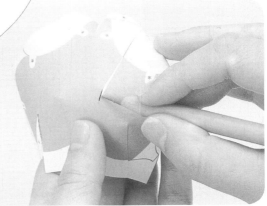

掲載作品リスト

小社ピエ・ブックスでは、型紙の取り扱いはしておりません。型紙の販売については、p.80の取扱い店をご参照ください。
型紙の情報は2004年11月現在のものです。
※リスト中のCVはカラーバリエーションのことです。

うさぎ

p.8

型紙 p.37●作り方 p.65
[型紙販売]
A4サイズ ¥800
ハガキサイズ ¥300
CV：しろ・グレー・
茶・茶パンダ・黒パンダ・
グレーパンダ

チワワ

p.10

型紙 p.39・41
作り方 p.66
[型紙販売]
なし
CV：クリーム・
ブラック・
ブラック＆タン

ラブラドールレトリバー

p.11

型紙 p.43●作り方 p.67
[型紙販売]
A4サイズ ¥800
（イエローのみ）
CV：イエロー・ブラック

取材協力・資料提供：
高野さんちのメイ

ウェルシュ・コーギー

p.12

型紙 p.45●作り方 p.68
[型紙販売]なし
CV：トライカラー・フォーン
※トライカラーは
http://www.keicraft.com/
でダウンロード可能

アメリカン・ショートヘア

p.13

型紙 p.47●作り方 p.69
[型紙販売]
なし
CV：シルバー・タビー
レッド・タビー

ハムスター

p.14

型紙 p.49●作り方 p.70
[型紙販売]
A5サイズ ¥400
CV：ジャンガリアンのみ販売
掲載はロボロフスキー

ヤモリ

p.15

型紙 p.51●作り方 p.71
[型紙販売]
A4サイズ ¥800
CV：みどり・黄・オレンジ・
あお・むらさき・あか・
ラブラブ・チェック・
ペグーホソユビ・
マレーホソユビ

あまがえる

p.16

型紙 p.53●作り方 p.72
[型紙販売]
A4サイズ ¥800
ハガキサイズ ¥300
ちびシート（8種類がA4 1枚に）¥800
CV：みどり・黄・オレンジ・あお・
むらさき・あか・ピンク・チェック

琉金

p.18

型紙 p.55●作り方 p.73
[型紙販売]
A4サイズ ¥800
CV：アカ・オレンジ・
タンチョウ・しましま

クロマグロ

p.20

[型紙販売]
A4サイズ ¥800
CV：なし

取材協力・資料提供：
葛西臨海水族園

ニシキエビ

p.21

型紙 p.57●作り方 p.74
[型紙販売]
A4サイズ×2 ¥800
CV：なし

取材協力・資料提供：
アクアマリンふくしま

ジンベエザメ

p.22

[型紙販売]
「ものしり博士シリーズ No.1」
海遊館発行
付録 ¥350
CV：なし

取材協力・資料提供：
海遊館

ハンドウイルカ

p.23

[型紙販売]
A4＋A5サイズ ¥800
CV：なし

取材協力・資料提供：
マリンピア日本海

アオウミガメ

p.24

[型紙販売]
A4サイズ ¥800
CV：なし

取材協力・資料提供：
名古屋港水族館／
葛西臨海水族園

コウテイペンギン

p.25

[型紙販売]
A4＋A5サイズ ¥800
A5サイズ ¥400（ヒナ）
CV：なし

ジャイアントパンダ

p.26

[型紙販売]
A4＋A5サイズ ¥800
CV：なし

取材協力・資料提供：
恩賜上野動物園

レッサーパンダ

p.27

型紙 p.61●作り方 p.75
[型紙販売]
なし
CV：なし

取材協力・資料提供：
多摩動物公園

ガラパゴスゾウガメ

p.28

[型紙販売]
A4×3 ¥1,000
CV：なし

取材協力・資料提供：
恩賜上野動物園

ローランドゴリラ

p.29

[型紙販売]
A4×2 ¥1,000
CV：なし

取材協力・資料提供：
(財)東京動物園協会／
恩賜上野動物園

アライグマ

p.30

[型紙販売]
A4＋A5サイズ ¥800
CV：なし

取材協力・資料提供：
(財)東京動物園協会／
井の頭自然文化園

グラントシマウマ

p.31

[型紙販売]
なし
CV：なし

スマトラトラ

p.32

[型紙販売]
A4×2 ¥1,000
CV：なし

取材協力・資料提供：
恩賜上野動物園

ジャガー

p.33

[型紙販売]
A4×2 ¥1,000
CV：なし

取材協力・資料提供：
(財)東京動物園協会

Kei Craft
型紙取扱い店 <small>（2004年11月現在）</small>

下記の店舗でKei Craftのオリジナル型紙の販売を行なっています。
本書に型紙の付いていない動物や、色違いの動物の型紙が入手できます。
取扱っている型紙の種類に関しては事前にお店にお問い合わせ下さい。

店名	住所	連絡先
伊東屋		http://www.ito-ya.co.jp/
本店　ITO-YA1 6F 洋紙コーナー	〒104-0061　東京都中央区銀座2-7-15	☎03-3561-8311㈹
葛西臨海水族園	http://www.kensetsu.metro.tokyo.jp/zoo/ ●	http://www.tokyo-zo.net/
ギフトショップ　アクアマリン	〒134-8587　東京都江戸川区臨海町6-2-3　葛西臨海水族園内	☎03-3804-1848㈹
多摩動物園	http://www.kensetsu.metro.tokyo.jp/zoo/ ●	http://www.tokyo-zoo.net/
ギフトショップ　コレクション	〒191-0042　東京都日野市程久保7-1-1　多摩動物園内	☎042-591-1611㈹
アクアマリンふくしま		http://www.marine.fks.ed.jp/
ミュージアムショップ	〒971-8101　福島県いわき市小名浜字辰巳町50	☎0246-73-2525㈹
ジュンク堂		http://www.junkudo.co.jp/
池袋本店	〒171-0022　東京都豊島区南池袋2-15-5	☎03-5956-6111㈹
HARPERS FERRY'S		
クラフト雑貨	〒152-0035　東京都目黒区自由ケ丘2-15-20　メイプルツインビル2F	☎03-5729-2882
なかじま商事		http://www.stationers.co.jp/
町田ルミネ店（文房具売場）	〒194-0013　東京都町田市原町田6-1-11　ルミネ町田店6F	☎042-739-3233
フラットクラブ		http://www.infoflat.com/flatclub/
クラフトショップ	〒310-0026　茨城県水戸市泉町2-1-43	☎029-231-2360
インキューブ		http://www.nishitetsu.co.jp/incube/
雑貨館インキューブ4Fデザインキューブ	〒810-0001　福岡県福岡市中央区天神2丁目11番3号　ソラリアステージビル	☎092-713-1092㈹
東急ハンズ		http://www.tokyu-hands.co.jp/
新宿店 6F　クラフトコーナー	〒151-0051　東京都渋谷区千駄ケ谷5-24-2　タイムズスクエアビル	☎03-5361-3111㈹
池袋店 7F　クラフトコーナー	〒170-0013　東京都豊島区東池袋1-28-10	☎03-3980-6111㈹
横浜店 6Aフロア	〒220-0005　神奈川県横浜市西区南幸2-13	☎045-320-0109㈹
三宮店 5F　Cフロア	〒650-0011　兵庫県神戸市中央区下山手通2-10-1	☎078-321-6161㈹
名古屋店 4F　バラエティーフロア	〒450-6003　愛知県名古屋市中村名駅一丁目1番4号　JR名古屋タカシマヤ内	☎052-566-0109㈹
名古屋ANNEX店 7F　文具フロア	〒460-0003　愛知県名古屋市中区錦3-5-4	☎052-953-2811㈹
札幌店 6F　文具コーナー	〒060-0061　北海道札幌市中央区南一条西6丁目4番地1	☎011-218-6111㈹

※東急ハンズの取り扱いフロアは移動することがありますので直接お問い合わせ下さい。

Kei Craft
ホームページ

Kei Craftのホームページからも型紙の通信販売を行なっています。
その他にも、展示会の情報や、新作の発表など、
楽しい情報が盛り沢山です。

http://www.keicraft.com/

紙工作作家
Kei Craft／ごとうけい

- -

1971 年 宮城県生まれ
1994 年 多摩美術大学デザイン科卒業
1997 年より「 Kei Craft 」として作家活動を始める。
ミュージアムグッズ、販売促進グッズ、
雑誌・ホームページの付録用ペーパークラフトを
制作するかたわら、巨大作品を
ショールーム、イベント、ギャラリー等で発表。
リアルなカタチをシンプルに表現し、
同時に親しみやすさもあわせ持つ独自の作風で
多くの支持を得ている。

http://www.keicraft.com/
info@keicraft.com

A F T E R W O R D ✳

紙って、小さな子が最初に
手にする身近な素材のひと
つですよね。切ったり折っ
たり破いたり、クレヨンで
絵を描いてみたり。紙工作
は、その頃の夢中になって
遊んだ楽しさや、出来上
がったカタチへの素直な感
動・喜びの記憶をボクに思
いださせてくれるのです。
切って　折って
丸めて　貼って
ボクは今日もきっと、次な
るモチーフとにらめっこし
ながらチョキチョキやって
いると思います。

2004年2月　ごとうけい

どうぶつクイズの答え

いくつわかったかな？

1 p.14

ごとう家のサクちゃんは？

柄だけじゃなく
性格もみんな
違うのだ。

左手前
"ジャンガリアン"が
ごとう家のサクラです。
ちなみに型紙は
"ロボロフスキー"です。